Philippe TISSIÉ (de Pau)
Président-fondateur de la Ligue Française
de l'Éducation physique,
Lauréat de l'Institut (Académie des Sciences),
Lauréat de l'Académie de Médecine, etc.

DE LA MÉTHODE EN ÉDUCATION PHYSIQUE PAR LE MOUVEMENT DISCIPLINÉ

RAPPORT

présenté à l'Association française pour l'Avancement des Sciences,

CONGRÈS DE TOULOUSE, 1910

(19e Section d'Hygiène et Médecine publique).

PAU

IMPRIMERIE-STÉRÉOTYPIE GARET, RUE DES CORDELIERS, 11

J. EMPÉRAUGER, IMPRIMEUR

1910

DE LA MÉTHODE EN ÉDUCATION PHYSIQUE

PAR LE MOUVEMENT DISCIPLINÉ

RAPPORT

présenté à l'Association française pour l'Avancement des Sciences,

CONGRÈS DE TOULOUSE, 1910

(19e Section d'Hygiène et Médecine publique)

PAR

M. le Docteur Philippe TISSIÉ, de Pau, Rapporteur,

Président-Fondateur de la Ligue Française de l'Éducation physique,

Lauréat de l'Institut (Académie des Sciences),

Lauréat de l'Académie de Médecine, etc.

PAU

IMPRIMERIE-STÉRÉOTYPIE GARET, RUE DES CORDELIERS, 11

J. EMPÉRAUGER, IMPRIMEUR

—

1910

DE LA MÉTHODE EN ÉDUCATION PHYSIQUE PAR LE MOUVEMENT DISCIPLINÉ

Rapport présenté à l'Association française pour l'Avancement des Sciences,

CONGRÈS DE TOULOUSE, 1910

(19e Section d'Hygiène et Médecine publique)

par M. le Docteur Philippe TISSIÉ, de Pau, Rapporteur,

Président-Fondateur de la Ligue Française de l'Éducation physique,
Lauréat de l'Institut (Académie des Sciences),
Lauréat de l'Académie de Médecine, etc.

Peu de questions ont soulevé autant de discussions que celle de l'éducation physique. Celle-ci est à l'ordre du jour depuis cent ans. Elle n'est pas encore résolue, bien qu'à l'heure actuelle on approche de la solution. Mais que de divergences de vues ! Tout le monde est d'accord sur le principe. Il y a quelque chose à faire, la natalité décroît, il semble qu'un besoin impérieux oblige le français au repos, dans l'indifférence et l'égoïsme. Il n'en est rien pourtant, notre race possède des forces en réserve. Ces forces elle les extériorise de diverses manières. Une de ces manifestations est le mouvement physique.

Depuis quelques années la France s'intéresse à ses champions de gymnastique et d'athlétisme. Une bibliographie copieuse et une presse spéciale et à grand tirage tiennent quotidiennement au courant une population sportive qui grandit de plus en plus.

Des mœurs nouvelles sont nées, faites d'actions viriles, accomplies au plein air, sur les routes, sur les pistes, sur les pelouses, sur les cours d'eaux, dans les montagnes, dans les airs nouvellement conquis par le Français du xxe siècle.

L'exemple est contagieux, les nouvelles générations désertent le café pour le plein air. Elles adoptent des systèmes d'entraînement, la plupart empiriques ; mais ce souci de soumettre son corps à des règles, et de discipliner sa volonté pour un but à atteindre, est un indice précieux. Il est révélateur d'une vie nouvelle qui s'affirme par l'acte physique, souvent douloureux, toujours impérieusement imposé par le besoin d'affirmation du « moi ». Si donc tout le monde est d'accord sur le principe que le relèvement de la race dépend en grande partie de son éducation physique ; si un grand mouvement entraîne les nouvelles générations vers cette éducation, comment se fait-il qu'on discute, qu'on dispute encore avec autant d'ardeur et quelquefois même, d'acrimonie ?

C'est que, sous une forme qui de prime abord paraît très simple et élémentaire, l'éducation physique est une science très complexe et d'autant plus difficile à connaître que chacun croit la posséder et, la possédant, veut l'imposer à autrui. A y regarder de plus près on constate que chacun possède une part de la vérité, mais pas la vérité tout entière. Chacun amplifie la part qui répond à ses besoins, à ses goûts, à son éducation, aux tendances de sa mentalité psychodynamique. Ainsi se groupent des mentalités semblables d'où les divers clans, les nombreuses écoles. Il arrive donc qu'avec la meilleure bonne foi du monde, mais par le grossissement d'une part de la vérité on se condamne à l'erreur. Sans vouloir pousser les choses au pire, mais pour bien me faire comprendre, je dirai que nous nous trouvons en présence du phénomène de psychologie, connu, en maladies mentales, sous le nom de « délire d'interprétation ».

CAUSES QUI ONT RETARDÉ L'ÉVOLUTION DE L'ÉDUCATION PHYSIQUE

Les causes qui ont retardé l'évolution de l'éducation physique sont nombreuses. En voici quelques-unes :

— La première est l'*automatisme* humain. Dès que l'homme a aiguillé sur une voie il lui est pénible de revenir en arrière pour repartir. Il doit alors reconnaître son erreur. L'amour-propre et l'orgueil entrent en jeu, et l'entourage aidant, on poursuit la route, fût-elle sans issue. Savoir reconnaître son erreur est la part du sage ; combien d'hommes sont peu sages !

Le grand coupable en cette affaire a été l'œil.

L'œil est un organe inférieur, captif de l'illusion. Il est allé automatiquement aux gestes qui l'attiraient le plus, d'où l'intérêt de la foule, qui ne raisonne pas, pour les exhibitions de gymnastique dans lesquelles plusieurs milliers de bras ou de jambes fonctionnent en même temps, au son rythmé de la musique. La foule réclama l'illusion, elle trouva pour la servir des « illusionnistes » de réelle valeur. L'illusion se répétant, une mentalité spéciale a été créée, par l'œil lui-même, à la fois dupeur et dupé. L'œil a vu des muscles s'hypertrophier par certains mouvements, soulever des poids lourds, abattre un homme d'un seul coup de poing, etc. ; il est allé directement et automatiquement aux muscles, la seule chose qu'il voyait, sans jamais aller plus loin, à l'intérieur du corps, pour constater la répercussion de tels actes sur les grandes fonctions biologiques.

Il accepta ces actes comme rationnels, il les imposa, il les impose encore, puisqu'il accorde la plus grande importance *aux* mouvements. C'est là précisément qu'est l'erreur. Il ne faut pas confondre *les* mouvements avec *le* mouvement, pas plus qu'on ne confond *les* hommes avec *l'*homme.

En gymnastique rationnelle il n'y a pas *des* mouvements, il n'y a que *du* mouvement. L'œil a imposé *les* mouvements, la raison impose *le* mouvement.

— La deuxième des causes est tout à l'honneur de l'homme ; c'est ce que j'ai appelé l'*ego-altruisme,* c'est-à-dire le sentiment altruiste qui nous pousse d'instinct à vouloir le bien de notre semblable jusqu'à lui imposer un acte qui nous a été salutaire. D'où les remèdes de bonne femme. Tel exercice physique par exemple a fait du bien à tel sujet ou à telle catégorie de sujets pareillement constitués anatomiquement, et cet exercice est aussitôt imposé comme étant le meilleur par cette catégorie de sujets ; voilà pourquoi les « bras de leviers courts », c'est-à-dire les hommes petits et bien râblés ont imposé les exercices de force auxquels ils peuvent mécaniquement et anatomiquement se livrer sans grand danger, pendant que « les bras de leviers longs », c'est-à-dire les hommes élancés et sveltes, avec longs segments, ont préconisé les exercices de vitesse auxquels il sont adaptés par leur structure anatomique même.

— Le costume habillé tel que nous le portons est encore une des causes d'erreur. Si l'homme pratiquait les mouvements physiques nu, s'il revenait au γυμνοσ des Grecs, il constaterait *de visu* les déformations de son corps, il y remédierait, empiriquement. Il n'est pas de palefrenier qui ne connaisse la valeur d'un cheval par sa simple inspection ; il n'en serait pas de même si on habillait les chevaux. Le médecin seul peut deviner ce qui doit se passer sous les habits et encore faut-il que ce médecin soit compétent dans les choses physiques, ce qui n'existe pas encore, puisque aucun cours d'éducation physique n'est professé dans les Facultés de médecine. Ce que le médecin sait aujourd'hui, en France, il l'a appris par lui-même et généralement sur lui-même, d'où un ego-altruisme d'autant plus dangereux qu'il vient d'un homme de l'art.

Autre cause. — On critique le jeune philosophe péripatéticien qui se promène dans la cour du collège au lieu de s'amuser comme au jeune âge. On critique également les pédagogues qui jusqu'à ce jour se sont désintéressés de la question physique. Cette critique a une excuse dans une cause psycho-dynamique. Cette cause est l'antagonisme profond qui existe entre la *cérébration* et la *musculation ;* entre *l'attention* et la *respiration.*

« A attention forcée, respiration atténuée ; à respiration forcée, attention atténuée ».

L'influx nerveux ne peut aller à la fois, avec un égal débit, au cerveau, pour la cérébration, et aux muscles pour la musculation.

Seule, une méthode rationnelle d'entraînement physique peut répartir posologiquement ce débit d'après les besoins et d'après les moments de chaque sujet. La pédagogie livresque que nous subissons avec le « mot » qui a plus de valeur que « l'acte » crée des tendances en faveur du débit de l'influx nerveux dirigé vers la cérébration ; elle oublie ou plutôt elle ignore la nécessité de rétablir l'équilibre en répartissant ce débit à la musculation, c'est-à-dire à la respiraiion puisque l'acte respiratoire est en raison directe de l'acte musculaire. Voilà pourquoi les pédagogues, obéissant aux tendances établies depuis longtemps, considèrent comme mauvais tout ce qui contrarie ces tendances, c'est-à-dire les exercices physiques.

Les péripatéticiens grecs, qui unissaient le mouvemement à la pensée par la marche, établissaient ainsi l'équilibre entre la *cérébration* et la *musculation* par un *petit travail musculaire des jambes* dégageant le cerveau.

Cependant sous la poussée des sports une réaction s'est produite et quelques pédagogues encore clairsemés accordent une attention bienveillante aux sports.

Mais ici nouvelle erreur ; beaucoup oublient que les fatigues *s'additionnent* au lieu de se *soustraire,* et qu'à cerveau fatigué par la cérébration intellectuelle il ne faut pas ajouter l'irritation du système nerveux par la musculation physique des sports trop violents.

L'avertissement fût donné en 1894 au Congrès de l'Association Française pour l'Avancement des Sciences, à Caen, par M. le docteur Le Gendre. [1]

— Une autre cause encore fait les pédagogues se désintéresser de l'éducation physique ; c'est la violence et l'incohérence de la gymnastique de suspension aux agrès de la gymnastique allemande que nous devons au Prussien Jahn. Elle fut introduite en France par le Suisse Clias et popularisée par l'Espagnol Amoros ; c'est pourquoi cette gymnastique est dite « française ». La devise de Jahn était *« Vive qui peut vivre ».*

Sa gymnastique a donc un principe combattif. Elle fut créée en effet après les désastres de la Prusse à Iéna. Cette gymnastique n'est pas de la gymnastique au vrai sens du mot, c'est du *sport aérien, à poids lourd,* le pire de tous les sports pour l'homme parce que l'homme est un *marcheur* et non un *voilier* ou un *grimpeur.*

Cette gymnastique violente les lois de la biologie humaine, elle ne peut donner que de mauvais résultats. On ne lutte jamais en vain contre la Nature. C'est pourquoi seuls les sujets *jeunes,* aux bras de leviers courts pouvant produire de la force s'y entraînent. L'agrès de suspension établit la sélection, il garde pour lui les sujets petits et trapus ; il repousse les sujets allongés et grands. C'est pourquoi on ne voit que des gymnastes de petite taille, au buste épais, aux jambes frêles, dans les défilés des

1. — Dr P. Le Gendre : *Sur les dangers que peuvent offrir pour les enfants les exercices de sport,* in Association française pour l'Avancement des Sciences. Congrès de Caen 1894. Compte rendu de la 23e Session. Première partie. Séance du 11 août 1894, pages 207 à 251.

Sociétés de gymnastique imposant les agrès de suspension : trapèze, anneaux, barres fixes, etc. Les gymnastes de taille élevée y sont rares. Quand aux pédagogues ayant déjà subi « les affres » provoquées par les mouvements de suspension au cours de leur scolarité, il les évitent à leurs élèves avec d'autant plus de raison que les méthodes de gymnastique imposées jusqu'à ce jour dans les programmes officiels ne donnent pas satisfaction à leur esprit critique. Nos règlements d'éducation physique sont défectueux, incomplets ; la longueur des considérations biologiques, les truismes, le verbiage, les phrases creuses, les mots sans valeur font regretter l'absence de toute précision.

La méthode allemande appliquée par de braves gens, assurément, mais de culture intellectuelle moins développée que celle des pédagogues, fit que ceux-ci ont considéré jusqu'à ce jour la gymnastique comme matière inférieure en éducation, comme sujet à exhibition pour quelques privilégiés sacrifiant plus à leurs muscles qu'à leur cerveau. Le jour où les pédagogues se trouveront en présence d'une Méthode vraiment rationnelle d'éducation physique la question sera tranchée ; ils l'adopteront parce que cette méthode, par son rationalisme même, leur permettra de faire rendre au cerveau de leurs élèves le maximum de rendement avec le minimum de lassitude. Jusqu'à ce jour il en a été autrement, d'où la dualité entre pédagogues et sportifs.

Deux méthodes qui se trouvent actuellement en présence dans une lutte vive : la méthode allemande de Jahn, dite « française » ou « amorosienne » ; la méthode suédoise, de Ling.

Sans prendre parti pour l'une ni pour l'autre de ces deux méthodes, considérons le corps humain mis en fonction physiologique vis-à-vis du milieu, de lui-même et de ses semblables, par le mouvement physique.

Ici une définition de l'éducation physique s'impose.

DÉFINITION DE L'ÉDUCATION PHYSIQUE

L'éducation physique est l'ensemble des moyens psycho-dynamiques qui permettent de faire produire au corps humain le maximum de rendement physique et intellectuel avec le minimum de lassitude. L'éducation physique comprend :

1° *La gymnastique de formation* pour le développement méthodique du corps, ou gymnastique de principe, faite d'analyse des mouvements systématiquement réglés, classés, disciplinés et imposés, en vue d'une fin biologique recherchée d'avance ;

2° Les jeux et les sports ou *gymnastique d'application*, faite de synthèse et d'émotivité dans le plaisir à prendre, ou d'utilité à satisfaire par des mouvements libres et non réglés systématiquement.

L'éducation physique doit avoir pour effet :

1° Le développement rationnel du tronc par l'entraînement méthodique des muscles antagonistes et synergiques du thorax et de l'abdomen qui concourent aux trois grandes fonctions vitales de la nutrition : la respiration, la digestion, la circulation. Ce développement s'obtient par le redressement de la colonne vertébrale ; par la fixation du centre de gravité du corps autour duquel pivote la vie de nutrition ; par la fixation des omoplates et de la tête en arrière ;

2° Le développement *proportionnel* des quatre segments, les bras et les jambes, par l'entraînement physiologique des muscles et l'assouplissement des articulations ;

3° L'éducation du système nerveux par l'entraînement des localisations psychomotrices des couches corticales du cerveau et des noyaux moteurs de la moelle épinière ;

4° L'éducation de la volonté réfléchie et à longue échéance par la création de tendances au devoir à accomplir quotidiennement en imposant aux muscles des mouvements *disciplinés*. Le mouvement est de la pensée en acte, la pensée est du mouvement en puissance. Discipliner ses muscles c'est discipliner sa pensée ;

5° Le développement de l'énergie physique et morale par l'entraînement progressif de la personnalité dans la recherche de l'effort utile.

Tels sont les effets qu'une bonne éducation physique doit produire sur l'homme et sur la race.

Envisageant la question sous ses grandes lignes, laissant de côté toutes les disputes d'école, adoptant la méthode cartésienne et faisant le vide autour de la question, je dirai en paraphrasant le *Cogito : J'agis, donc je suis. Que suis-je? Qui suis-je?* Je vais répondre à la première question, celle qui a trait au développement somatique de l'homme mis en fonction mécanique, anatomique, physiologique, hygiénique, pédagogique par le mouvement discipliné de la gymnastique de formation. Le *Qui suis-je?* a trait à la psychologie du mouvement, c'est-à-dire à l'homme mis en fonction psychologique et sociale, par le mouvement libre de la gymnastique d'application, les jeux et les sports. Je ne puis aborder ici cette question très complexe, elle fournirait matière à un autre rapport.

LA MACHINE HUMAINE

L'homme est un corps vivant en station verticale soumis comme tous les corps de la nature à la loi de l'attraction terrestre. Son centre de gravité placé à la onzième vertèbre dorsale, face inférieure, bord antérieur est sans cesse attiré vers le centre de la terre, d'où lutte constante entre les deux centres de gravité, celui de l'homme et celui de la terre. Le corps de l'homme est articulé, chaque articulation est attirée vers le centre de la terre ; la station de l'homme étant la station verticale, chaque articulation doit être fixée à l'articulation voisine dans le sens de la ligne verticale, pour toutes les articulations, *en remontant* des pieds à la tête, d'où nécessité de s'adresser à tous les muscles extenseurs placés à l'angle *externe* de chaque articulation. Ces muscles sont antagonistes de la force d'attraction terrestre. Cet antagonisme a pour effet le redressement des segments articulaires les uns sur les autres et surtout des segments articulaires des vertèbres de la colonne vertébrale. Sur la colonne vertébrale s'insère un muscle important ; celui-ci ouvre et ferme la vie, c'est le diaphragme. Le premier acte de l'enfant qui naît est une *inspiration*, le dernier acte du vieillard qui meurt est une *expiration*. La nutrition gazeuze assurée par le diaphragme passe avant la nutrition solide et liquide ; on peut vivre plusieurs jours sans manger ni boire, on ne peut vivre plusieurs minutes sans respirer. Si donc le diaphragme possède un rôle si important, au point de vue de la philosophie biologique il doit être le maître de toute la musculation. Tous les muscles du tronc sont ses serviteurs. Tous les muscles qui prennent un point d'appui au-dessus de lui sont *inspirateurs*, ils le servent pour faciliter son jeu ; tous les muscles qui prennent un point d'appui *au-dessous* de lui sont *expirateurs*, c'est-à-dire antagonistes des muscles placés au-dessus.

Le diaphragme est seul actif dans l'inspiration d'entretien ou respiration moyenne à raison de 300 à 500 centilitres d'air par inspiration ; cette activité d'ordre reflexe est dûe au bulbe qui, sous l'excitation de l'acide carbonique renfermé dans le sang, provoque un appel d'air en faveur de son oxygénation. Ce phénomène peut être comparé au jeu d'un compteur à gaz qui se déclanche automatiquement sans intervention de la volonté. Il ne faut pas confondre ce déclanchement *reflexe* qui assure le *minimum* de vie avec *l'activité volontaire* dûe au travail des muscles inspirateurs qui assure le *maximum* de vie. Alors les muscles inspirateurs collaborent à l'action du bulbe, en soulageant le diaphragme par le soulèvement de ses points d'appui sur la cage thoracique. Dans l'inspiration forte les muscles inspirateurs *soulèvent* la cage thoracique de bas en haut et l'élargissent de dedans en dehors, pour mieux assurer la nutrition gazeuze. L'hématose se produisant dans les poumons et la fonction faisant l'organe il est nécessaire d'agrandir au maximum le champ d'épandage pulmonaire pour que les échanges gazeux y soient nombreux, rapides et profonds, d'où nécessité de ne jamais violenter le jeu élastique de la cage thoracique renfermant deux organes de vie, dont l'élasticité même assure la fonction de la vie : le cœur et les poumons.

Le squelette humain est formé d'un tronc divisé en trois étages, chacun de ces étages possède un développement osseux différent : 1° l'étage supérieur : la tête, capsule osseuse, protégeant le cerveau ou étage *psychique ;* 2° l'étage moyen thoracique, cage osseuse élastico-rigide, avec la colonne vertébrale, les côtes, le sternum, les clavicules et les omoplates, pour protéger deux organes élastiques : le cœur et les poumons, c'est l'étage *mécano-chimique ;* 3° l'étage inférieur, l'abdomen, manchon musculo-osseux, très élastique pour assurer la fonction péristaltique des intestins, en même temps que très rigide par les os du bassin, pour assurer un point d'appui à la colonne vertébrale, supportant le massif osseux costal, scapulaire et céphalique, c'est l'étage *chimique.*

Quatre grands segments s'insèrent au tronc : deux supérieurs, les bras ; deux inférieurs, les jambes. Le segment des bras ou *train supérieur* est suspendu au tronc à l'aide d'un anneau musculo-osseux très élastique pour ne pas violenter l'élasticité de la cage thoracique : les clavicules en avant, les omoplates en arrière ; celles-ci sont reliées à la colonne vertébrale par des muscles rhomboïdes et trapèze ; une solution de continuité osseuse existe donc entre les deux omoplates, placées à la région postérieure et supérieure de la cage thoracique *pour servir de point d'appui fixe* à des muscles inspirateurs, serviteurs du diaphragme ; le principal de ces muscles est le *grand dentelé.* L'articulation de l'épaule est très souple et très peu résistante par sa constitution même en *forme de pince :* la clavicule en avant, l'omoplate en arrière. L'humérus est suspendu au bout du mors de la pince.

Le segment des jambes ou *train inférieur* est fixé au tronc à l'aide d'un anneau puissamment osseux, le bassin. Ici pas de solution de continuité entre les os, mais au contraire puissance très grande des vertèbres lombaires et du sacrum, pour donner un point d'appui rigide et fort à la puissance musculaire des fessiers et du massif dorso-lombaire *redresseurs* de la colonne vertébrale dans la station verticale *et luttant ainsi contre l'attraction terrestre* qui provoque la chute du corps en avant. L'articulation coxo-fémorale est très robuste, à type de « joint universel » solidement adaptée par des ligaments et des muscles puissants ; elle donne appui au fémur sur lequel porte le poids du tronc, et de là à la jambe et au pied. *L'articulation du cou-de-pied a donc une grande importance en éducation physique, puisque c'est sur elle que porte tout le poids du corps ;* il y a donc nécessité à l'entraîner rationnellement par ses ligaments articulaires et par ses muscles en vue de la fonction de la marche et du saut à laquelle elle préside. Elle assure la station verticale en permettant au centre de gravité du corps d'être fixé dans son plan normal vertical et non dans des plans obliques antéro-postérieurs ou latéraux.

La méthode suédoise accorde une attention toute particulière à cette *articulation-base,* ignorée de toutes les autres méthodes, surtout de la méthode allemande. Celle-ci porte son attention sur l'articulation du poignet dans les mouvements de suspension par les mains. Ling part des *pieds*, Jahn part des *mains*. Lequel des deux est dans la vérité biologique humaine ?

Considérant de plus près le squelette, nous constatons que toute sa partie postérieure est plus osseusement développée que sa partie antérieure. Toutes les fortes saillies, toutes les épines, tubérosités, etc., sont situées en arrière, de l'occiput au sacrum, puis à la jambe, au calcanéum ; par contre, à la cuisse, les tubérosités sont situées en avant, au fémur, au tibia ; une telle constatation nous amène à établir *a priori* ce fait que sur chacune de ces tubérosités osseuses doit s'insérer un muscle important, un *extenseur luttant contre l'attraction terrestre*. La fonction faisant l'organe, celui-ci se développe en raison de sa fonction. Le point d'appui du bras de levier osseux doit être d'autant plus fort et plus rigide que la puissance musculaire est plus grande en vue de la lutte provoquée par une plus grande résistance antagoniste. C'est pourquoi le système des vertèbres se développe énormément du sommet à la base, le sacrum étant plus développé que l'atlas et que l'axis, et les vertèbres lombaires plus épaisses et plus larges que les vertèbres cervicales. En avant à la cuisse, les condyles du fémur, la tubérosité du tibia et la rotule, constituent un système osseux à point d'appui très solide pour la puissance musculaire du *quadriceps fémoral*, muscle extenseur de la jambe sur la cuisse.

Si maintenant nous examinons la cage thoracique, nous constatons qu'elle est constituée de deux os placés parallèlement sur un même plan vertical ; l'un est indépendant : l'omoplate ; l'autre est fixé à la cage thoracique : le sternum.

L'homme étant un *marcheur* par ses jambes, son *omoplate* possède une forte *épine*. L'omoplate donne insertion à des muscles puissants qui la fixent dans le plan vertical, contre la cage thoracique, le rhomboïde, l'angulaire de l'omoplate, le grand dorsal et surtout le trapèze, et tout cela pour permettre au grand dentelé, élévateur des côtes, de soulager le diaphragme dans sa fonction inspiratrice.

L'oiseau étant un *grimpeur* dans l'air par ses bras, chaque coup d'aile est l'équivalent d'une montée de marche d'escalier que l'homme accomplirait avec ses jambes ; l'oiseau, dis-je, doit posséder une anatomie osseuse thoracique différente de celle de l'homme ; nous constatons en effet que son *sternum*, au lieu d'être aplati comme chez l'homme, est très développé surtout chez les oiseaux à bras de leviers courts, c'est-à-dire à ailes courtes pour la force à déployer ; il possède de plus un *bréchet*, équivalent de l'épine de l'omoplate chez l'homme. Ce bréchet donne un point d'appui fixe et rigide au muscle *grand pectoral*, abaisseur des ailes, de haut en bas, et de dehors en dedans pour le vol, chez l'oiseau.

Les bras chez l'homme étant un système de préhension, l'appel au point d'appui du grand pectoral sur le sternum est plus souvent répété que l'appel du point d'appui sur l'humérus parce que l'homme n'est pas un grimpeur.

Le grand pectoral contribue à l'inspiration quand le point d'appui est pris sur l'humérus, mais il n'est pas le muscle inspirateur par excellence ; le petit pectoral est plus inspirateur que le grand pectoral par son insertion à l'apophyse coracoïde et aux troisième, quatrième et cinquième côtes.

Le véritable muscle inspirateur est le grand dentelé. La gymnastique de suspension allemande violente la fonction du grand pectoral en lui faisant prendre un point d'appui sur l'humérus plus que sur le sternum pour le soulèvement du corps en l'air. Quand le point d'appui le plus fort est placé sur le sternum, le grand pectoral agit chez l'homme comme chez l'oiseau en attirant les bras de dehors en dedans, en rapprochant ainsi les deux moignons de l'épaule et resserrant la cage thoracique par compression. Nous verrons plus loin que la lutte entre les deux méthodes, la méthode allemande et la méthode suédoise, se résume dans la lutte entre deux os, c'est-à-dire entre deux points d'appui de la puissance musculaire, le sternum en avant avec la méthode allemande ; l'omoplate en arrière, avec la méthode suédoise.

Les plans de la progression chez l'homme et chez l'oiseau à l'égard de la lutte contre l'attraction terrestre sont différents, voilà pourquoi tout le train postérieur est sacrifié chez l'oiseau au train antérieur, alors que chez l'homme c'est le train supérieur (antérieur de l'oiseau) qui est sacrifié au train inférieur (postérieur de l'oiseau). Si donc la nature a doté l'homme d'une épine puissante à l'omoplate et l'oiseau d'une épine puissante ou bréchet au sternum, c'est que les fonctions musculaires de l'homme et de l'oiseau sont différentes.

Ici j'en arrive aux deux méthodes de gymnastique en présence, la méthode suédoise qui s'adresse surtout à l'*omoplate ;* la méthode allemande qui s'adresse au *sternum.* La lutte entre les deux écoles se résume donc dans la lutte entre deux os : l'*omoplate* avec la Suède ; le *sternum* avec l'Allemagne. L'anatomie biologique peut seule trancher la question de Méthode.

Le *sternum* de l'homme ne possédant pas d'épine, l'homme n'est pas constitué pour se suspendre en l'air par les bras ; l'*omoplate* de l'oiseau ne possédant pas l'épine de l'omoplate de l'homme, l'oiseau n'est pas fait pour marcher sur terre, avec ses pattes ; conclusion : toute gymnastique qui localise les efforts de l'homme *sur les pieds* et sur la partie postérieure du corps doit être forcément une gymnastique rationnelle puisqu'elle répond aux lois de la biologie humaine, puisqu'elle facilite en cela le plus libre jeu de la cage thoracique en avant, pour la meilleure fonction des poumons et du cœur ; par contre, toute gymnastique qui localise les efforts de l'homme, sur les bras et sur la région sternale, doit être forcément mauvaise et antiphysiologique parce qu'elle violente l'élasticité de la cage thoracique et qu'elle atténue la fonction du cœur et des poumons. La vie est une oxydation ; toute gymnastique rationnelle doit faciliter cette fonction ; celle-ci ne peut être établie que grâce au développement maximum du champ d'épandage pulmonaire, d'où nécessité de ne jamais rétrécir l'aire de ce champ d'épandage surtout au moment où le sang passe en plus grande quantité au cours des exercices de gymnastique, des jeux et des sports.

Le cœur, droit, accomplit une fonction parallèle à celle des poumons ; c'est lui qui envoie à ceux-ci le sang veineux à hématoser. Resserrer la surface d'épandage des poumons, c'est, par contre-coup, forcer le ventricule droit à plus de travail et, par la répétition même, provoquer des désordres circulatoires graves.

Le cœur n'est pas une pompe *foulante* et *aspirante.* C'est une pompe foulante par les ventricules gauche et droit. Qui dit aspiration, dit modification dans la pression barométrique, c'est-à-dire dans l'équilibre de l'air. Il n'y a pas d'air dans le sang, mais il y en a dans les poumons, *ce sont donc les poumons qui constituent la pompe aspirante.*

Quatre forces font remonter le sang des pieds au cœur. Le travail synergique de ces forces est nécessaire pour lutter contre l'attraction terrestre qui attire vers le sol chaque élément figuré du sang et son plasma. Ces quatre forces sont : 1° *La vis à tergo ;* 2° *les systèmes des valvules sigmoïdes ;* 3° *la contraction musculaire ;* 4° *le système des vases communicants entre le ventricule droit et les poumons.* Nous subissons les deux premières forces : « *La Vis à tergo et les valvules sigmoïdes* » ; nous avons une action par la volonté sur les deux autres forces : la *contraction musculaire* et les *vases communicants.*

Voilà pourquoi, chaque fois qu'on veut faire passer plus de sang dans les poumons il faut d'abord songer au cœur *pour sa mise en train progressive ;* de même pour la mise en train progressive du champ d'épandage pulmonaire. Il ne faut jamais oublier que la mise en train de l'élasticité du cœur et des poumons doit être établie progressivement, mais non *tout à coup*, violemment en « coup de *bélier* ». De même qu'on risque de rompre un tissu élastique n'ayant pas fonctionné depuis quelque temps, si on le tend tout à coup trop violemment, mais qu'il faut auparavant le mettre en train pour lui faire acquérir son maximum d'élasticité, de même on doit agir progressivement pour la mise en train du cœur et des poumons. Il faut donc provoquer méthodiquement l'élasticité du cœur périphérique : capillaires, artérioles, artères, veines, au début de toute séance de gymnastique ou de sport. L'importance en éducation physique de la circulation veineuse de retour est capitale. Il faut en assurer tout d'abord le libre jeu ; sans cette précaution initiale on risque de forcer le cœur et les poumons.

La gymnastique allemande de suspension qui *met tout à coup* le corps humain en fonction maximum vis-à-vis de la lutte contre l'attraction terrestre, lutte d'autant plus grande et pénible que le poids du sujet est plus lourd, provoque tout à coup un travail énorme du cœur, non seulement par une circulation de retour plus intense imposée sans mise en train préalable du cœur et des poumons, mais par la compression de la cage thoracique due à la contraction violente des pectoraux opposant à l'inspiration une sangle musculaire rigide et emprisonnant ainsi les organes élastiques de vie, le cœur et les poumons. C'est précisément au moment où le maximum de sang veineux de retour arrive aux poumons que cette gymnastique resserre leur champ d'épandage ; c'est le moment où la circulation de retour est la plus intense que le cœur est comprimé de dehors en dedans par la sangle pectorale et à sa partie interne par l'afflux du sang venant des veines caves et le reflux du sang venant de l'artère pulmonaire ; les poumons, ne pouvant recevoir tout le sang envoyé par le ventricule droit, le repoussent ; c'est le coup de « bélier ». Ce coup se produit dans tous les sports, dans l'escrime entre autres, quand la mise en train a été trop violente et trop rapide. C'est ce qui se passe avec la gymnastique allemande, *sport aérien à poids lourd* et brutal pour le cœur, appliqué jusqu'à ce jour à l'enfance et à l'adolescence en voie d'évolution.

Je dois maintenant établir les règles qui président, d'après la méthode suédoide, à la mise en train rationnelle de la circulation et de la respiration, ainsi qu'à la répartition des mouvements de gymnastique à chaque région du corps en vue d'un meilleur entraînement des grandes fonctions biologiques humaines : la respiration, la circulation, la digestion, les sécrétions, l'innervation, la musculation.

On ne peut aboutir qu'à la condition de discipliner le mouvement et d'établir une classification qui fixe sa manière d'être.

La gymnastique rationnelle par le mouvement discipliné ne peut être appliquée qu'à la condition de bien connaître la valeur des *six* manières d'être suivantes :

LES SIX MANIÈRES D'ÊTRE DU MOUVEMENT DISCIPLINÉ

Les *six manières d'être du Mouvement discipliné* sont :

1° Les *deux gymnastiques :*

a) de formation ;

b) d'application.

2° Les *cinq points d'appui* du corps humain pris *sur* le sol et *au-dessus* du sol ;

3° Les *cinq facteurs du mouvement* s'appliquant à la *résistance* et à la *puissance* des leviers articulaires ;

4° Les *trois moments du mouvement* au cours de son exécution ;

5° Les *douze répartitions du mouvement* dans lesquelles le corps humain est mis en fonction au moyen des *quatre manières d'être* du mouvement : *Gymnastique, Points d'appui, Facteurs du mouvement, Moments du mouvement ;*

6° Les *quatre catégories des exercices* avec ou sans agrès.

Reprenant cette classification, je dois dire ce qu'il faut entendre par chacune des *six manières d'être du mouvement.*

I

LES DEUX GYMNASTIQUES

Par les deux gymnastiques, il faut entendre :

1° *La Gymnastique de formation* qui comprend la Gymnastique :	*Pédagogique* ou *Hygiénique.*	De constitution, d'économie des forces, de développement pour la *Formation* et pour l'*Entretien* du *Moi.*
2° *La Gymnastique d'application.* Celle-ci découle de la Gymnastique de formation ; elle comprend les applications esthétiques, militaires et médicales suivantes.	*Esthétique* ou *Artistique.*	De gestes rythmiques, d'attitudes plastiques, de beauté dans la forme, d'art dramatique, d'application au chant, etc., pour l'*Ennoblissement* ou pour l'*Agrément intellectuel* du *Moi.*
	Militaire, Athlétique, ou *Sportive.*	De lutte, de compétition, de combat, de protection, d'attaque, de défense, d'action violente, etc., pour l'*Affirmation* et pour la *Domination* du *Moi.*
	Médicale ou *Thérapeutique.*	De réparation après la lutte, ou dans la lutte pour la vie ; de rétablissement des forces dans la maladie ; de correction de la forme pathologique, etc., pour le *Relèvement* et pour la *Reprise* du *Moi.*

II

LES CINQ POINTS D'APPUI OU POSITIONS FONDAMENTALES DU CORPS PRIS SUR LE SOL OU AU-DESSUS DU SOL

Les *cinq* points d'appui ou positions fondamentales pris sur le sol ou au-dessus du sol permettent de mettre en fonction mécanique le jeu des leviers articulaires par la fixation initiale du centre de gravité du corps humain, c'est-à-dire par la fixation du tronc à la onzième vertèbre dorsale.

Le tronc donnant un point d'appui aux segments bras et jambes, ce point d'appui doit être rigide afin de permettre aux leviers du troisième genre, bras, jambes et tronc, de jouer dans ses plans géométriques recherchés d'avance, en vue d'une action directe à accomplir sur une ou plusieurs des grandes fonctions vitales.

Les cinq POSITIONS FONDAMENTALES du corps pris sur le sol sont Directes et Indirectes.	DIRECTES s'adressant au TRONC avec	*a)* Point d'appui du centre de gravité pris *sur* le sol en *équilibre stable*, en position fondamentale.	1° *Debout.* 2° *A genoux.* 3° *Assis.*
		b) Point d'appui pris *sur* le sol en *équilibre indifférent*, en position fondamentale.	4° *Couché.*
		c) Point d'appui du centre de gravité pris *au-dessus* du sol *avec les mains en équilibre stable*, en position fondamentale.	5° *Suspendu à un espalier* ou mur articulé.
	INDIRECTES s'adressant aux SEGMENTS.	Aux *Jambes* en position :	a) *Dérivés de Fixe (Fente).* b) *Sous-dérivés de Fixe (Crochet).*
		Aux *Bras* en position :	a) *Annexes de Fixe (Croix).* b) *Sous-annexes de Fixe (Aile).*

Les bras et les jambes ne font que renforcer le travail des muscles du tronc, en raison même du point d'appui que ces segments prennent sur le tronc et du poids représenté par ces segments mobilisés.

III

LES CINQ FACTEURS DU MOUVEMENT

Les cinq facteurs du mouvement qui régissent la *résistance* et la *puissance* du bras de leviers articulaires, sont :

1° *La Force à déployer*, qui se calcule au *gramme ;*

2° *La Durée de la séance*, qui se calcule à la *minute ;*

3° *Le Rythme du mouvement*, qui se calcule à la *seconde* ou à la *division de seconde ;*

4° *La répétition des mouvements*, qui se calcule à la *quantité* des mouvements ;

5° *La Combinaison des mouvements*, qui se calcule à la *qualité* des mouvements.

La *Force* ou *Puissance* étant nécessaire au jeu des leviers doit être disciplinée.

Dans tout levier, la puissance ou force est fonction de la résistance. Sans résistance, pas de puissance à mettre en jeu. Mais la résistance et la puissance sont fonctions du point d'appui, d'où nécessité de bien fixer *tout d'abord* le point d'appui chaque fois qu'on veut exécuter un mouvement discipliné. Il faut dès lors fixer le point d'appui du tronc, puis celui de chaque segment à mobiliser autour du tronc, base principale du mouvement. Ce point d'appui peut être pris SUR le sol ou AU-DESSUS du sol, mais à la condition de toujours bien fixer la colonne vertébrale en vue du point d'appui que les piliers du diaphragme y prennent et cela *afin d'assurer la respiration, c'est-à-dire l'hématose.* Donc, nécessité biologique absolue de ne jamais violenter le diaphragme par *l'application de faux points d'appui. Le travail de la puissance* peut être intensifié par la *répétition* et la *combinaison* des mouvements ou par des *poids ajoutés* supplémentairement au poids des segments articulaires à mobiliser. *Répétition, combinaison avec poids intensifient au maximum le mouvement.*

La *force* est mise en fonction par les moyens suivants :

1° Avec *appui* PÉDESTRE pris *sur* le sol, à mains libres, *sans engins*. Le poids du segment à mobiliser constitue la *résistance* à vaincre. *C'est la gymnastique de plain pied à mains libres,* le corps humain étant considéré comme un agrès par son point d'appui sur le sol ;

2° Avec *appui* PÉDESTRE pris *sur* le sol, à mains libres et avec *appui supplémentaire* d'un segment, pris sur un appareil *stable et rigide* servant à localiser le travail de la puissance au segment à mobiliser. Le poids du segment constitue la résistance à vaincre. C'est la gymnastique avec agrès suédois *stables et rigides,* tels que l'*espalier* ou mur articulé, le *bomme* ou poutre pouvant s'élever ou s'abaisser pour fixer telle ou telle grande articulation du corps ;

3° Avec appui MANUEL pris *au-dessus* du sol, sur un appareil stable, rigide et vertical, constituant un mur articulé contre lequel s'étalonne et se fixe la colonne vertébrale pour la *localisation* de la *puissance* du segment inférieur à mobiliser en vue d'une action directe et bien définie d'avance sur l'abdomen, sur le massif musculaire sacro-lombaire et dorso-lombaire, sur le psoas-iliaque, sur les pilliers du diaphragme, sur le grand dorsal, sur le trapèze, etc. Le poids du *segment des jambes* à soulever constitue la *résistance.*

C'est la gymnastique à l'espalier suédois. Dans ces trois manifestations du mouvement, le poids du segment seul à mobiliser constitue la *résistance.*

La *résistance* peut être intensifiée par la répétition de la combinaison et surtout par l'application d'un poids supplémentaire faisant OPPOSITION et, par ce fait, *établissant une lutte* entre le segment et le centre de gravité de la terre par attraction d'autant plus vive que le poids ajouté au bras du levier articulaire mobilisé est plus lourd.

Dans *la lutte par l'opposition à l'attraction terrestre,* la *force* est mise en fonction par l'*antagonisme de l'opposant.* Cet opposant est le plus souvent la force antagoniste de l'attraction terrestre.

La force est alors déployée :

1° Avec appui *pédestre* pris *sur* le sol ;
2° Avec appui *manuel* pris *au-dessus* du sol.

1° Avec l'appui *pédestre* pris *sur* le sol et la *graduation* dans la force de la *résistance, avec* ou *sans* lutte contre la force antagoniste de l'attraction terrestre, on utilise les appareils élastiques : 1° humains ; 2° mécaniques. 1° L'appareil humain fournit l'opposant médical : l'homme oppose sa force active ou passive à la force du sujet ; dans la lutte athlétique deux forces humaines actives ou passives, se trouvent en présence et à égalité d'action violente ; 2° les appareils mécaniques utilisés sont les ressorts à boudin, les divers appareils en caoutchouc de la gymnastique dite « de chambre ».

2° Avec l'appui *pédestre* pris *sur* le sol, et la *graduation* de la résistance mais *avec lutte* contre la force antagoniste de l'attraction terrestre. On utilise les *engins rigides,* tels que les mils, les haltères, les poids légers ou lourds. La force à développer est fonction de la résitance établie d'après le poids ajouté au levier articulaire mis en fonction.

C'est la méthode préconisée par les écoles dites de *culture physique.* L'effort porte surtout sur les bras et sur la partie supérieure de la cage thoracique. Il peut être *gradué* par la graduation même des poids *opposant* eur résistance. La longueur du bras de levier doit également entrer en ligne de compte dans la graduation de l'effort pour le poids à ajouter.

3° Avec l'appui *manuel* ou pédestre pris *au-dessus* du sol, *sans graduation* de la résistance, *avec lutte vive contre l'attraction terrestre*, le poids total du corps est tout à coup mobilisé. *Le diaphragme est, de ce fait, fortement violenté.*

Cette gymnastique utilise les agrès rigides *stables et instables*. Au nombre des agrès rigides stables ont trouve les *barres parallèles*, le *rec* ou *barre fixe*, la *planche à établissement*, etc.; dans les agrès instables on trouve les *anneaux*, le *trapèze*, le *vindas* ou *pas de géant*. C'est la méthode de gymnastique allemande, de Jahn, gymnastique de lutte violente contre la force antagoniste de l'attraction terrestre avec point d'appui pris sur le sommet du thorax et sur l'articulation de l'épaule, dont la forme en pince impose l'élasticité dans la souplesse du mouvement et non la force dans la rigidité.

Cette méthode est appliquée dans les Sociétés de gymnastique ; elle est imposée dans les divers Manuels officiels de gymnastique de publication récente.

Elle donne satisfaction au phénoménisme et au goût de la parade ; elle sacrifie le faible au fort ; elle est antiphysiologique et antipédagogique. Pour ces raisons elle est antisociale.

A vrai dire on a introduit dans ces Manuels quelques mouvements de la méthode suédoise, mais sans ordre, ni principes directeurs ; aussi leur efficacité est détruite par les mouvements de la méthode allemande.

La durée, le rythme, la répétition et la combinaison peuvent intensifier la force. Il suffit pour cela de prolonger la durée, de précipiter ou de ralentir le rythme, d'augmenter la répétition ou de compliquer la combinaison des mouvements dans des attitudes fatigantes à prendre ou à maintenir dans l'une des cinq positions fondamentales. L'opposant humain ou mécanique amplifie le travail et provoque la force musculaire nécessaire pour vaincre la force antagoniste de l'attraction terrestre.

IV

LES TROIS MOMENTS DU MOUVEMENT AU COURS DE SON EXÉCUTION

Le principe de toute action humaine consciente est la correction des fautes commises, ce principe domine la pédagogie ; il doit donc être appliqué à l'éducation physique au même titre qu'à l'éducation intellectuelle ou morale. Les suédois ont divisé l'exécution du mouvement discipliné *en trois moments.*

Le premier moment comprend l'attitude générale *au repos* imposée au corps, au commencement et avant l'exécution du mouvement; cette attitude est prise dans l'une des *cinq positions fondamentales :* 1° debout ; 2° à genoux ; 3° assis ; 4° couché ou 5° suspendu. Elle doit être maintenue dans la pureté la plus absolue des lignes ce qui impose tout d'abord un travail statique et synergique de tous les groupes musculaires antagonistes se faisant équilibre dans leur action commune.

Le deuxième moment est constitué par *l'acte* au cours duquel on impose au mouvement les *cinq* facteurs cités plus haut : 1° la force ; 2° la durée ; 3° le rythme ; 4° la répétition ; 5° la combinaison.

Le troisième moment comprend l'attitude générale imposée au corps à la fin de l'acte *après* l'exécution du mouvement, avec la correction des fautes commises, la rectification des attitudes de compensation prises pendant le mouvement et surtout à la fin du mouvement, attitudes qui détruisent l'effet recherché au point de vue morphologique et biologique.

La plus grande attention doit être apportée à la correction des attitudes de compensation ; celles-ci se produisent automatiquement sous la loi du moindre effort, le sujet utilise alors le poids de ses divers segments en déplaçant leur centre de gravité du plan qu'ils n'auraient pas dû abandonner. Les causes d'erreur sont nombreuses *et insidieuses.* Il faut les rechercher avec attention, un œil bien exercé peut seul les découvrir ou les deviner sous le costume qui cache la faute commise. Cette faute paraît quelquefois insignifiante, c'est alors qu'elle est le plus souvent capitale, parce qu'elle provoque par répercussion des fautes éloignées et ignorées. C'est ainsi qu'il faut aller chercher du côté des pieds la raison d'une faute commise à la tête ou à l'épaule. Un tel dépistage réclame du maître une connaissance très exacte de la méthode de gymnastique en même temps qu'un œil très expérimenté. C'est du défaut de cette connaissance et du peu de valeur de l'œil que naissent toutes les discussions en éducation physique. Celles-ci proviennent des erreurs commises et d'une fausse interprétation des mouvements disciplinés par ignorance de la vraie méthode rationnelle.

V

LES DOUZE RÉPARTITIONS DES MOUVEMENTS DISCIPLINÉS DE LA LEÇON-TYPE

La gymnastique étant *la science du mouvement discipliné* appliqué à la machine humaine en vue de ses fonctions physiologiques et psycho-dynamiques à l'égard des lois biologiques individuelles et collectives, doit être dosée *quantitativement* et *qualitativement.* Pour cela il est nécessaire de codifier les mouvements.

Une progression doit donc régir cette application. C'est pourquoi le travail, dans une séance de gymnastique éducative de formation, doit être réglé de façon à être fourni en *crescendo* pour arriver au *decrescendo* final.

Cette séance ou leçon-type est divisée en *douze* parties, chacune d'elles ayant son but précis à l'égard des grandes fonctions de l'économie.

Voici les effets recherchés dans chacune des douze parties de la leçon-type.

1re Partie. — Mouvements d'ordre de mise en place. Début de la séance.

2e Partie. — Mouvement s'adressant à la Tête pour une meilleure circulation sanguine du cerveau.

3e Partie. — Mouvements s'adressant aux Bras pour augmenter le développement de la surface respiratoire des poumons, en vue du plus grand travail qui va suivre.

4e Partie. — Mouvements s'adressant aux Jambes pour activer la circulation et envoyer sans danger plus de sang aux poumons déjà entraînés par les mouvements des bras.

5e Partie. — Mouvements du Tronc. *(Région postérieure)* pour fortifier les muscles extenseurs de la tête, de la colonne vertébrale, du bassin et des jambes en vue d'une meilleure respiration, par un point d'appui plus solide donné aux piliers du diaphragme et aux omoplates.

6e Partie. — Mouvements du Tronc. *(Région antérieure)* pour activer la digestion, et agir en même temps sur la circulation et la respiration.

7e Partie. — Mouvements du Tronc. *(Régions latérales)* droite et gauche. Mêmes effets digestifs, respiratoires et circulatoires.

8e Partie. — Mouvements de torsion gauche et droite du Tronc pour activer la digestion par auto-massage de l'estomac et des intestins.

9e Partie. — Mouvements combinés : 1° *En équilibre stable ;* 2° *En équilibre instable,* ayant une action plus particulière sur le Système nerveux, cerveau et moelle épinière, par la coordination des mouvements dans l'association et dans l'antagonisme alternatifs des localisations médullaires.

10e Partie. — Mouvements de *Gymnastique sportive :* jeux, courses, sauts, lutte, escalade, escrime, exercices athlétiques violents, activant la circulation et la respiration, EXCITANT le cœur et les poumons à un plus grand travail.

11e Partie. — Mouvements de *Gymnastique respiratoire* CALMANT le cœur et les poumons et rétablissant la circulation et la respiration normales.

12e Partie. — Mouvements Sédatifs de fin de séance attirant le sang aux pieds pour dégager complètement le cœur et les poumons.

On peut à volonté doser l'effort à produire chez l'enfant, l'adolescent, l'adulte, l'homme mûr, le vieillard, et dans les deux sexes, grâce à cette division. Il suffit pour cela d'appuyer ou non sur telle ou telle partie du mouvement, mais il faut que la leçon *soit toujours donnée dans ses douze parties, à chaque séance.* Il ne faut pas par exemple exécuter telle ou telle partie, tel ou tel jour en délaissant les autres. Le système à *tiroir* de cette leçon avec l'élasticité que lui donnent les quatre premières *manières* d'être du mouvement discipliné, permettent d'agir sur le corps humain comme un chef d'orchestre agit sur son orchestre. Chaque groupe instrumental fournissant son rendement en vue de l'exécution générale des nuances harmoniques.

Les Suédois établissent sur ces bases leur leçon-type avec les *quatre catégories suivantes des exercices.*

VI

LES QUATRE CATÉGORIES DE LA LEÇON-TYPE SUÉDOISE DES EXERCICES EXÉCUTÉS AVEC OU SANS AGRÈS

1° *Les exercices préparatoires* dans lesquels entrent quelques exercices des *douze* répartitions du mouvement discipliné, tels que « mise en place », « marches », « mouvements élémentaires des bras, des jambes, du tronc, de la tête » ;

2° *Les exercices fondamentaux* dans lesquels chacune des douze répartitions du mouvement est plus ou moins localisée et intensifiée avec l'aide ou sans l'aide d'agrès renforçant le travail tout en le localisant. Ces exercices comprenant *dix* divisions, qui sont :

1° Les mouvements combinés des jambes et des bras ;
2° — d'extension dorsale ;
3° — de suspension ;
4° — d'équilibre ;
5° — de marche et de course ;
6° — des muscles dorsaux ;
7° — des muscles abdominaux ;
8° — des muscles latéraux du tronc ;
9° — de sauts, de courses, de jeux, etc. ;
10° — de respiration ;

3° *Les exercices dérivatifs* sont en quelque sorte les exercices préparatoires ayant pour effet de rétablir la circulation et la respiration normale à la fin de la séance ;

4° *Les exercices respiratoires* proprement dits sont exécutés au cours de la séance au fur et à mesure des besoins et chaque fois que le professeur s'aperçoit d'une gêne respiratoire ou circulatoire chez l'exécutant.

RÉSUMÉ

En résumé la gymnastique par le mouvement discipliné a pour principe la provocation au plus grand effort avec le minimum de fatigue, par le respect des lois biologiques, celles de la respiration et de la circulation étant les premières à considérer.

Le schéma de la leçon-type de gymnastique est un *crescendo* avec ascension progressive et méthodique de la ligne de l'effort à produire sur le cœur, sur les poumons et sur le système digestif ; sur le système nerveux et sur le système musculaire, jusqu'au *fortissimo* des exercices de sauts, de lutte, d'escalade, etc., par la gymnastique d'application pour arriver par un *decrescendo* méthodique à un *pianissimo* final. Au cours de la séance, ces nuances s'accusent ou s'imposent par des *crescendo* et des *decrescendo*, des *vivaces* suivis d'*andante* ralenties allant jusqu'au *lento*.

La notation musicale paraît le mieux convenir au mouvement discipliné par son élasticité et sa simplicité mêmes.

Une grande analogie existe entre la direction d'un orchestre et la direction d'une leçon de gymnastique. Chaque fonction biologique constitue le thème sur lequel le mouvement doit être réglé et auquel il doit être appliqué d'après un rythme spécial et des nuances souvent très délicates. En musique, le geste se traduit par des vibrations disciplinées ; en gymnastique, le geste se traduit par des mouvements disciplinés ; ces mouvements, en dernière analyse, ne sont que des vibrations disciplinées : vibrations nerveuses, vibrations musculaires.

On doit sortir d'une séance de gymnastique rationnelle plus fort, plus souple, plus reposé, plus résistant et plus prêt à recommencer qu'en y entrant. Il faut demeurer toujours au-dessus de ses moyens. Une bonne séance de gymnastique doit donner l'impression d'un bon bain fortifiant et sédatif à la fois. Toute séance de gymnastique qui irrite et qui fatigue n'est pas une séance bien donnée. Elle peut être athlétique, sûrement elle n'est ni pédagogique, ni hygiénique, encore moins thérapeutique. De tels effets ne peuvent être obtenus que par l'application d'une méthode rationnelle de gymnastique et par des professeurs vraiment instruits. En Suède, les professeurs de gymnastique sont généralement des officiers, lieutenants, capitaines, colonels même.

La méthode de gymnastique éducative, dont nous devons les principes au génial suédois Ling et que l'école suédoise a sans cesse mise au point au cours du XIXe siècle, à l'Institut Central de Gymnastique de Stockholm, cette méthode, dis-je, par son élasticité et son système « à tiroir », donne satisfaction à tous les besoins.

Elle est avant tout pédagogique et hygiénique, c'est-à-dire de *formation* et *d'entretien* du *moi*.

Elle prend donc la vie dès son principe même ; elle s'accommode ensuite à la vie.

Par le développement du *Rythme* du mouvement, elle répond au besoin d'Esthétique et de Beauté ; par le développement de la *Force* elle donne satisfaction au besoin d'Affirmation et de Lutte de l'individu, elle devient militaire et athlétique ; par la localisation et l'application posologique du mouvement elle devient médicale et thérapeutique. Le mouvement aliment se transforme en remède sous la direction du médecin.

La thérapeutique est l'hygiène du malade, de même que l'hygiène est la thérapeutique de l'homme valide. Cette gymnastique ne violente jamais la Nature, elle la suit, elle la sert ; c'est en cela qu'est sa supériorité sur toutes les autres gymnastiques. Elle peut très facilement devenir un instrument redoutable dans des mains inexpérimentées. Elle peut devenir ennuyeuse, alors qu'elle est vraiment très récréative ; être très fatigante, alors qu'elle est très fortifiante.

Toutes les discussions à son sujet proviennent de ce que ceux qui l'ont introduite en France ne la connaissaient que très superficiellement.

Ils ont élaboré une méthode hybride, qu'ils ont fait admettre comme la vraie méthode avec des principes faux, d'où des erreurs commises ; des mots vagues ont dominé des faits précis, d'où le discrédit et les discussions.

La grande erreur est de croire qu'on fortifie un muscle ou un groupe musculaire par lui-même, en localisant le travail à ce muscle ou à ce groupe musculaire seul.

Il faut souvent aller chercher très loin le muscle ou le groupe musculaire qui *bénéficie vraiment* du travail direct d'un autre groupe musculaire. C'est ainsi que dans certains mouvements des bras ce sont les muscles de l'articulation de la jambe et les ligaments de la patte d'oie avec le quadriceps fémoral qui travaillent, etc. On peut facilement et rapidement hypertrophier un muscle *mais l'hypertrophie n'est pas la force.* La force d'un muscle ou d'un groupe musculaire est faite de la force de tous ses congénères, et, je le dis une fois encore, souvent très éloignés les uns des autres, mais dont l'action synergique ou antagoniste est nécessaire. « Un pour tous, tous pour un », telle est la devise de la « République des muscles ».

L'homme vraiment fort est celui dont toute la musculature est harmonieusement développée et non pas celui dont quelques régions musculaires du tronc, des bras ou des cuisses, sont seules hypertrophiées. La vie est faite d'harmonie ; l'harmonie doit donc régner dans toutes les fonctions du corps humain : la respiration, la circulation, la digestion, les sécrétions, l'innervation, la musculation. Deux exercices servent de critérium à l'harmonie de la musculation : 1° dans *l'acte statique,* c'est la *position du corps en fixe, les bras tendus parallèlement au-dessus de la tête.* Dans cette attitude la ligne générale doit être verticale du bout des doigts, mains ouvertes jusqu'au talon, sans courbures de compensation des épaules, de l'abdomen, des jambes, des bras ou des mains ; 2° dans l'*acte dynamique* c'est le *saut* avec son élan, son vol et surtout son *arrivée* sur le sol dans une chute où le *tronc demeure fixé dans le plan vertical; où les bras tombent parallèlement le long du corps ;* où l'articulation tibio-tarsienne bien entraînée, subit le choc sans déviation aucune sous l'influence de la chute du poids qu'elle supporte.

Savoir fixer les points d'appui osseux pour la puissance musculaire à provoquer ; discipliner cette puissance en vue de vaincre la résistance opposée par le segment du corps à mobiliser, que ce segment soit libre ou surchargé d'un poids supplémentairement appliqué, est le principe même de toute gymnastique rationnelle.

La connaissance de la fixation des points d'appui du corps ou des segments du corps est une science très complexe.

Toute gymnastique rationnelle doit provoquer le sens *de l'effort utile,* et répondre en même temps au besoin critique de l'analyse de chaque personne qui veut se rendre compte de la valeur et de la portée de l'acte physique avant de l'accomplir. La gymnastique rationnelle est moins une gymnastique des muscles qu'une gymnastique des localisations corticales et des noyaux médullaires. Discipliner la moelle épinière avec le concours des muscles c'est discipliner le mouvement par acte réflexe, mais la moelle épinière ne pouvant être disciplinée que par les muscles, c'est par la discipline des muscles qu'il faut commencer. On parvient ainsi à créer un entraînement général dans lequel les fonctions synergiques et antagonistes sont d'autant mieux équilibrées que l'équilibre est établi, par avance, dans les localisations corticales entre elles-mêmes ; dans les noyaux moteurs médullaires entre eux ; dans l'association nerveuse générale et synergique des localisations et des noyaux entre eux.

Plus que tout autre peuple le Français, par son émotivité même, doit apprendre à discipliner ses gestes afin de mieux discipliner sa pensée.

A pensée exacerbée, mouvements désordonnés ; à pensée calme, mouvements ordonnés. On arrive avec son cerveau. On peut atteindre le cerveau par le muscle ; la cérébration par la musculation. Jusqu'à ce jour les principes de la discipline intellectuelle et morale ont été imposés comme une valeur fiduciaire par le précepte oral. On a ignoré un facteur puissant : le *mouvement musculaire discipliné*. Celui-ci constitue, non une valeur fiduciaire, mais une valeur consolidée par le geste vécu, cérébralement et musculairement et surtout personnellement contrôlé.

La meilleure des théories contre l'alcoolisme, le tabagisme, l'érotisme, etc., ne valent pas le fait vécu par celui qui constate sur lui-même que l'alcool, le tabac, etc., les excitations génésiques sont mauvais en gymnastique et dans les sports. Ce précepte est ainsi vécu et contrôlé.

L'œuvre que nous poursuivons personnellement depuis vingt-deux ans, avec la Ligue Française de l'Éducation physique, tend précisément à donner une formule nouvelle et rationnelle pour le meilleur développement physique de notre jeunesse. Cette œuvre est avant tout pédagogique et hygiénique.

Elle s'adresse *aux deux sexes* et *à tous les âges*. La méthode athlétique utilisée jusqu'à ce jour est une méthode égoïste, elle ne s'adresse qu'aux riches en santé, en jeunesse et en force, elle ignore l'enfant, l'homme mûr et le vieillard ; elle délaisse surtout la femme, et quand elle la prend elle la fatigue, la déforme ou la tue dans ses fonctions de vie. Il faut réagir, créer une mentalité nouvelle *par la science du geste discipliné.*

CONCLUSION

La solution de la question physique est au Foyer par l'École. C'est la femme, c'est la mère, c'est le pédagogue, c'est l'instituteur, *c'est surtout l'institutrice* qui créeront les meilleures tendances en faveur de cette mentalité nouvelle. Cette révolution dans nos mœurs pédagogiques et sociales sera facilitée par le médecin mieux informé sur les choses du mouvement discipliné, facteur de forces physiques, intellectuelles et morales et du relèvement de la race.

Pour cela il est nécessaire que des cours d'éducation physique soient institués dans les Facultés de médecine et qu'un enseignement rationnel soit donné en même temps dans toutes les écoles de France des deux sexes et à tous les degrés, d'après une méthode *vraiment rationnelle*. Cette méthode nous fait encore défaut. Il faut la posséder au plus tôt.

L'œuvre sera pénible.

L'automatisme humain est un adversaire redoutable. L'application d'une Méthode exacte peut seule nous permettre d'aboutir après cent dix ans d'erreur. Cette méthode existe, elle a fait ses preuves, c'est la méthode suédoise. Je viens d'en exposer les grandes lignes. Il faut l'adopter dans ses principes.

Elle entraîne la conviction de tous ceux qui la connaissent et qui l'appliquent exactement ; sans esprit de parti et cela sous toutes les latitudes et sur toutes les races civilisées. Puissé-je avoir convaincu !

Convaincre, c'est vaincre.

www.ingramcontent.com/pod-product-compliance
Lightning Source LLC
LaVergne TN
LVHW052030160826
845678LV00003B/1269

* 9 7 8 2 3 2 9 6 3 9 3 7 6 *